Dieses Buch gehört:

Der Bücherbär
1. Klasse

Liebe Eltern,

jedes Kind ist anders. Manche Kinder kennen bereits alle Buchstaben in der Vorschule und können erste Wörter lesen. Andere lernen das Abc in der Schule. Für das spätere Leseverhalten ist es jedoch völlig unerheblich, wann die Kinder das Alphabet meistern. Wichtig aber ist der Spaß am Lesen – von Anfang an. Deshalb ist das Bücherbär-Erstleserprogramm konzeptionell auf die Fähigkeiten und Bedürfnisse der Kinder abgestimmt.

Dieses Buch richtet sich an Leseanfänger in der 1. Klasse. Die übersichtlichen Leseeinheiten und kurzen Zeilen sind ideal zum Lesenlernen. Zahlreiche Bildergeschichten unterstützen das Textverständnis. Zusätzlich regen lustige Buchstaben- und Leserätsel am Ende des Buches zum Nachdenken und zum Gespräch über die Geschichte an. Denn Kinder, die viel Gelegenheit zum Sprechen haben, lernen auch schneller lesen.

Ihr Bücherbär

Empfohlen von Westermann

Ulrike Kaup

Detektivbüro Eulenauge

Willi Watson auf der Spur der fiesen Briefe

Mit Buchstaben- und Leserätseln

Bilder von Marta Balmaseda

Ulrike Kaup
wurde in Gütersloh geboren. Sie studierte Germanistik, Praktische Philosophie und Sozialwissenschaften in Münster und schrieb schon immer gerne Geschichten. Inzwischen tut sie das im Ruhrgebiet und auf einer kleinen griechischen Insel, wo sie am Morgen gleich ins Meer springen kann.

Marta Balmaseda
wurde im spanischen Gijón geboren. Nach dem Studium der Kunsterziehung an der Kunsthochschule in Sevilla hat sie sich mehrere Jahre der Illustration, dem Grafikdesign und der Wandmalerei gewidmet. Heute lebt und arbeitet Marta Fernandez Balmaseda in München.

Ein Verlag in der Westermann Gruppe

Der Bücherbär
1. Auflage 2023
© 2023 Arena Verlag GmbH,
Rottendorfer Straße 16, 97074 Würzburg
Alle Rechte vorbehalten
Text: Ulrike Kaup
Cover- und Innenillustrationen: Marta Balmaseda
Gesamtherstellung Westermann Druck Zwickau GmbH
Gedruckt in Deutschland
ISBN 978-3-401-71848-4

Besuche den Arena Verlag im Netz:
www.arena-verlag.de

Inhalt

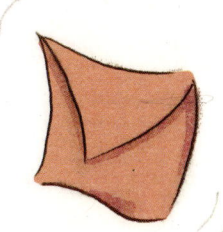

Kleine bunte Briefe   10

Ein alter Stinkstiefel!   16

Rosenduft   26

Ertappt!   34

Buchstaben- und Leserätsel   42

In dieser Geschichte spielen mit:

Schwierige Wörter im Text:

der Störenfried

der Stink-Stiefel

das Taschentuch

das Picknick

der Popel-Prinz

der Zombie

der Kartoffel-Kopf

Kleine bunte Briefe

Ida und Lou sind
auf dem Weg zum Detektiv-Büro.
Gerade wollen sie abbiegen,
da fällt Lous Blick
auf die alte Weide.

„Nanu!", ruft Lou.
„Wer hat so schöne Briefe an die Äste gehängt?"

Lou ist neugierig. Sie schnappt sich einen Brief.

„Halt, Lou!", ruft Ida.
„Keine Beweise vernichten!
Das ist ein Fall
für das Detektivbüro Eulenauge."

„Hier hast du noch mehr Beweise", sagt Lou trotzig und pflückt gleich zwei Briefe vom Baum.

Hihi!

Ein alter Stink-Stiefel!

Willi Watson hört genau zu,
als Lou und Ida
von dem Briefe-Baum erzählen.

Wer schreibt
so was Hässliches?

Ein Störenfried,
der böse auf uns ist.
Warum auch immer!

„Aha! Jemand will uns ärgern.
Kann es sein,
dass dieser Jemand sich
über uns geärgert hat?",
überlegt Willi Watson laut.

„Du meinst:
Wie du mir, so ich dir",
sagt Lou.

„Ich öffne jetzt
die zwei anderen Briefe",
kündigt Willi an.

Dein Name ist Pupsi-Maus!

Zieh Leine, du Stink-Stiefel!

„Wer das schreibt,
ist ein Stink-Stiefel!",
schimpft Lou.

„Das ist kein Streich mehr",
stellt Willi Watson fest.
„Hier will uns jemand
die Laune verderben.
Wir werden den Tatort
nach Spuren absuchen."

„Da hat er sich versteckt
und darauf gewartet,
dass wir seine Briefe lesen",
vermutet Willi Watson.

„Das ist das Taschentuch
von Kurt, dem Waschbären",
sagt Ida.
„Stimmt!", sagt Willi.
„Wir werden Kurt gleich
zu dem Brief befragen."

Lou hat auch eine Idee.

„Da ist ja mein Taschen-Tuch",
freut sich Kurt, der Waschbär.
„Wo habt ihr es gefunden?"

„Es lag an der alten Weide",
sagt Ida.
„Neben diesem Brief!"

„Bloß weg damit!",
ruft Kurt aufgebracht.
„Wisst ihr, was da drinsteht?
Blöder Saubär!"

Rosenduft

„Nicht aufregen, Kurt!",
beruhigt Willi seinen Freund.
„Bei einem Picknick
verzieht sich jeder Ärger."
„Erst recht
mit guten Freunden!",
ergänzt Ida.

Nach Honigbrot und Apfelmus
fragt Willi:
„Sag mal, lieber Kurt,
ist jemand aus dem Wald
richtig böse auf dich?"

Keine Ahnung.

Und Ida will von ihm wissen:
„Ist dir in letzter Zeit
etwas aufgefallen?
Der ganze Wald
kauft doch bei dir ein!"
„Hmm ...", brummt Kurt.
„Der Hasen-Emil hat neulich
viele bunte Stifte gekauft."

„Vielleicht will er Eier bemalen?"

Auf einmal erhebt sich Lou
und läuft einfach los.

Das Haus vom Hasen-Emil!

Vorsichtig schleichen sich
Willi und Kurt
ans Fenster heran.

Emil sitzt am Tisch.
Er schreibt etwas
auf kleine Zettel.

Ertappt!

Ohne anzuklopfen,
öffnet Willi
die Tür zu Emils Haus
und tritt ein.

Emil springt auf.
Er ist zu Tode erschrocken.
Seine Zettel wirbeln
wild durcheinander.

Ertappt! Lügen zwecklos.
Das merkt Emil sofort.
„Ich wollte doch nur
zurück-ärgern", jammert er.
„Weil ihr alle
mich ausgelacht habt,
als ich am Waldfest
in die Pfütze gerutscht bin!"

„Wer sich und andere ärgert,
verlernt das Lachen
und verdirbt sich das Leben",
sagt Ida.

„Deshalb musst du zur Strafe schöne Briefe schreiben", beschließt Willi Watson.

„Schreib doch einfach tolle Einladungen!", ruft Lou begeistert „Die hängst du dann an den Baum."

Emil ist erleichtert.
Glück gehabt, denkt er
und macht sich an die Arbeit.

Wir spielen „Mensch-ärgere-dich-nicht".

Wir essen Möhren-Kuchen.

Wir machen eine Nacht-Wanderung.

Wir fahren mit dem Kanu.

Welche Einladung ist in welchem Briefumschlag?

Buchstaben- und Leserätsel

Finde den richtigen Reim!

Lou mag keine bösen Worte,

lieber eine Möhren-__Torteen__.
(Suppe/Torte)

Eintritt verboten

mit nassen __Pfoten/Tatzen__!
(Pfoten/Tatzen)

Kurt hat eine große Wut.

Das tut ihm gar nicht __Gut/Gefallen__
(gut/gefallen)

Silbenrätsel

Ordne die Silben,

dann erkennst du das Wort.

Emil lacht, wenn Lou sich ärgert.

Er hat __Schadenfreude__.

den   freu   Scha   de

Was mag Willi Watson?

Die Anfangsbuchstaben verraten es dir.

Willi freut sich über Honigbrote,
über ein warmes Feuerchen
und über

F E R I E N.

Die Lösungen findest du
auf der nächsten Seite.

Lösungen

So heißt es richtig:
Lou mag keine bösen Worte,
lieber eine **Möhren-Torte**.

Eintritt verboten
mit nassen **Pfoten**!

Kurt hat eine große Wut.
Das tut ihm gar nicht **gut**.

Emil lacht, wenn Lou sich ärgert.
Er hat **Scha-den-freu-de**.

Willi freut sich über Honigbrote,
über ein warmes Feuerchen
und über **Ferien**.

F E R I E N

Der Bücherbär
1. Klasse

Eine durchgehende Geschichte in Kapiteln

Beste Freundinnen und ein Geheimnis auf vier Pfoten
978-3-401-71674-9

Die Spürnasen-Bande und der Fahrrad-Klau
978-3-401-71720-3

Juni, Lasse und der Monster-Schreck
978-3-401-71612-1

Mia, Leo und Fox – drei Freunde auf heißer Spur
978-3-401-71903-0

Jeder Band: Ab 6 Jahren • Eine durchgehende Geschichte in Kapiteln • Durchgehend farbig illustriert • 48 Seiten • Gebunden • Format 17,5 x 24,6 cm

Innenseite aus »Beste Freunde und ein tolles Abenteuer«
978-3-401-71587-2

Diese Reihe richtet sich an Leseanfänger in der 1. Klasse. Mit der großen Schrift, den kleinen Kapiteln und den vielen farbigen Bildern macht das erste Lesen viel Spaß.

Empfohlen von Westermann